1 MONTH OF
FREE
READING

at

www.ForgottenBooks.com

By purchasing this book you are eligible for one month membership to ForgottenBooks.com, giving you unlimited access to our entire collection of over 1,000,000 titles via our web site and mobile apps.

To claim your free month visit: www.forgottenbooks.com/free348018

ISBN 978-0-656-54099-0
PIBN 10348018

Nachtrag

zu

Studien bei Hans von Bülo

von

Theodor Pfeiffer.

Von

J. Vianna da Motta.

Berlin und **Leipzig.**

Verlag von Friedrich Luckhardt.

1896.

Nachtrag

zu

Studien bei Hans von Bülow

von

Theodor Pfeiffer.

Von

J. Vianna da Motta.

Berlin und **Leipzig.**

Verlag von Friedrich Luckhardt.

1896.

Alle Rechte vorbehalten.

Tous les droits réservés.

Vorwort.

Mit Recht wurde Herrn Th. Pfeiffer's Büchlein: „Studien bei Hans von Bülow" freudig begrüsst. In der That wäre es zu beklagen, dass nur die Wenigen, die das Glück hatten, dem Meister persönlich näher zu treten, den segnenden Einfluss seines Genies erhielten. Wenn auch das gelesene Wort nie das gesprochene ersetzen kann — und bei Bülow sprach Alles: der Blick, die Geberde, man erinnere sich an seine unvergleichliche Mimik beim Dirigiren, die zu einem wunderbar beredten Commentar des Stückes wurde: — wenn auch das Blitzartige seiner Einfälle unmöglich durch die Schrift wiederzugeben ist, so kann doch immerhin der nachdenkende Leser jener Bemerkungen reichste Anregung daraus schöpfen, Enthüllung mancher

Geheimnisse oder Verbesserung gehegter Irr-
thümer.

Da der Meister leider so wenig Geschrie-
benes hinterlassen (den Grundstock dieses kleinen
Schatzes bilden seine für jeden Musiker unent-
behrlichen Ausgaben Händel's, Bach's, Beethoven's,
Chopin's, Cramer's etc.), ist es Pflicht eines Jeden,
der mit ihm in noch so flüchtige Berührung trat,
seine Aussprüche von so tiefem Gehalt als wie
origineller Form für die Nachwelt zu fixiren,
damit die Traditionen eines genialen, allum-
fassenden Interprets, wie er seit Liszt nicht
existirte, noch weiter auf die Musikwelt befruch-
tend einwirken. Es wäre dringend zu wünschen,
dass seine Anmerkungen zu Orchesterwerken,
wie sie z. B. in der Meininger Bibliothek vor-
liegen, baldigst in der Art wie diese Notizen aus
seinem Claviercursus gesammelt und herausgegeben würden. Und warum hat man noch
nicht seine in fast unauffindbaren Zeitschriften
zerstreuten Aufsätze, Kritiken, Reiseskizzen etc.
in einem Band vereinigt, der zu Wagner's, Liszt's,
Berlioz' Schriften eine köstliche, von Geistes-
funken sprühende Ergänzung bilden würde?

Bis sich dieser Wunsch erfüllt, der gewiss
der aller ernsten Musikstudirenden ist, will ich

vorläufig mein Scherflein dazu beitragen, Bülow's Auffassung grosser Claviercomponisten so gut es geht zu fixiren. Herrn Th. Pfeiffer's Aufzeichnungen aus den Jahren 1884, 1885 und 1886 werden durch die meinigen aus dem Jahre 1887, in welchem Jahre Herr Pfeiffer Bülow's Cursus in Frankfurt nicht beiwohnte, eine Ergänzung finden.

In der Anordnung des Stoffes weiche ich von Herrn Pfeiffer ab, weil ich ein möglichst lebendiges Bild jenes Unterrichts zu geben versuche, deshalb trenne ich nicht die Werke, die an einem Tage gespielt wurden. Das Namenregister lässt leicht den Ort finden, an welchem die einzelnen Werke besprochen werden. Der Vollständigkeit wegen erwähne ich auch solche, über deren Vortrag er nichts Bemerkenswerthes sagte, weil er sich begnügte, die Vorzeichnungen des Autors zu betonen. Einige wurden auch in den Jahren, die Herr Pfeiffer mitmachte, gespielt; da aber Bülow's Bemerkungen je nach dem Interesse, das der Schüler ihm einflösste und der Nothwendigkeit, verschiedene Punkte zu beleuchten, mehr oder weniger tiefgehend und minutiös waren, so kommt es, dass ich über einige Stücke mehr Details angeben kann als Herr Pfeiffer und umgekehrt. Selbst wo Bülow sich wiederholt, unterdrückte ich nicht die wiederholte Mahnung, die dadurch gerade an Gewicht gewinnt. Oft auch weisen diese Wiederholungen höchst interessante Modificationen auf, an denen man bewundern kann, wie Bülow die Ausdrucksform seiner Gedanken unendlich zu variiren wusste.

Mit genauester Sorgfalt habe ich seine Bemerkungen über Auffassung, Nüancirung, Phrasirung Bach'scher Werke wiedergegeben, weil meiner Meinung nach hier es ist, wo seine Offenbarungen am nöthigsten sind, während für die von ihm herausgegebenen Werke in seinen Ausgaben fast Alles gesagt ist. Nur durch ein inniges Einleben in Bülow's Art Bach zu empfinden, kann man hoffen, in den Geist dieses Riesen einzudringen und sich einen herrlichen Leitfaden für die musikalischste Phrasirung seiner Werke zu construiren. Um dies zu erreichen, begnüge man sich nicht damit, Bülow's Bemerkungen mechanisch zu befolgen, sondern forsche nach dem „Warum“ jeder Nüance, jeder Phrasirung und versuche so die Principien zu deduciren, aus denen sie stammen. Dann wird sein Wort wahr: „Ich gebe Ihnen einen Bädecker, um in das Land des Dichters zu reisen“.

Kein hartes, selbst ungerechtes Urtheil, das er über lebende Künstler fällte, habe ich verschwiegen, denn zu einem vollständigen Bild seines Wesens darf keine Linie fehlen. Heute, wo uns alle, selbst die von ihm Angegriffenen, nur ein Gefühl übermannt: das seines unersetzlichen Verlustes für die Kunst: wird gewiss kein noch so Empfindlicher das Wort erheben gegen seine sogenannten Extravaganzen. Sein Geist schwebte in reineren Sphären so hoch über dem alltäglichen Gewimmel, dass wir Mühe hatten, ihm dahin zu folgen und ihn nicht immer verstehen konnten. Da er aber den Muth hatte, seine Meinung über das Gewimmel unter ihm immer unverdrossen auszusprechen und da jeder Verstoss gegen den reinsten Geist der Kunst, wie er ihn fasste, sein von Natur schon so feines Gefühl und durch unausgesetzte Selbstbildung noch verfeintes Gefühl auf's Schmerzlichste reizte, so nannte man ihn: extravagant. Wer aber das Martyrium des Unverstandenseins seiner erhabenen Künstlerseele ahnt, wer fasst, dass, wenn man so wie Bülow das hehre Ideal in sich aufgenommen hat, man mit der „Welt" nur in ewigem Kampfe leben kann, Kampf, der zum Heile der Welt gereicht: — der beuge sich in tiefster Verehrung dem Grossen, der die Erde mit seiner Erscheinung beglückte und stammle tiefbewegt Dank aus Herzensgrunde für das Licht, das er uns gespendet.

Azoren, August 1895.

9. Mai.

1887.
Bach.

Präludium der englischen Suite in E moll.

Phrasirung des Themas:

etc.

Sehr energisch und lebendig.

Fuge Cis moll aus dem Wohltemperirten Clavier, I. Theil.

Der spielende Herr*) hatte viel Chopin studirt. Bülow fand, dass er nicht „gesund" spielte und sagte: „Bei Bach können wir den Chopinanschlag nicht brauchen."

---

*) Ich befolge Herrn Pfeiffer's System, die Namen der Spielenden zu verschweigen.

Takt 30 und 31 des Präludiums solle man in der rechten Hand nach je sechs Noten absetzen und in der linken Hand folgendermassen phrasiren:

Im letzten Takt mache man ritardando und crescendo.

„Sie dürfen nicht ritardando und diminuendo verbinden. Das ist ein Pleonasmus."

Das Thema der Fuge nahm Bülow sehr markig. Dabei wiederholte er: „Gesund! gesund!"

Takt 44 der Fuge, linke Hand:

Takt 49:

Takt 91, 92, die Bässe wuchtvoll.

Takt 85 und folgende wird gewöhnlich ein Thema-Eintritt übersehen im Alt, der sich mit dem 2. Sopran kreuzt:

Fuge D moll, Wohltemperirtes Clavier, II. Theil.

Präludium sehr lebhaft. Takt 2—4, 6—8, 27—29 etc. das erste Sechzehntel in jedem Takt gut betont. Ausserdem die Vorhalte in den Mittelstimmen (Takt 3 und 4 *g f, d cis;* ebenso Takt 7 und 8; Takt 27 und 28 *d c, a gis* etc.)

Takt 13 linke Hand, Takt 14 rechte Hand etc. phrasire man: . Die Achtel „hüpfend", äusserst leicht.

Takt 18 und folgende zog Bülow die obenstehende Variante vor (siehe Kroll's Ausgabe bei Peters).

Takt 26 nehme man die ersten vier Sechzehntel *a g f e* mit der linken Hand.

Takt 37 rechte Hand ist *c e h f b g* „richtig", klingt aber so scheusslich, dass Bülow empfahl zu spielen: *b e b f b g*.

Takt 40 betone man das 2. und 6., Takt 41 das 4. Achtel. Diese Art der Accentuirung ist eine echt Bülow'sche Eigenart, die ein specielles Studium verdiente. Man beachte, wie genial er auf diese Weise den Bau einer Phrase zur Schau stellt, und ihr zur selben Zeit einen fortreissenden rhythmischen Schwung verleiht. Die erstaunliche Klarheit und elektrisirende Macht, die er beim Dirigiren dem Orchester mitzutheilen wusste, war oft durch solche Accentuirung erreicht. Als Beispiel erinnere ich nur an das Scherzo der Eroica-Sinfonie (Anfang des 2. Theils).

In den letzten Takten des Präludiums mache man diminuendo, aber ohne ritardando.

Es ist unmöglich, mit Worten eine Idee zu geben, wie Bülow das Thema der Fuge spielte.

Es lag eine so ungeheure Grösse, eine so zwingende Macht darin, dass man Furcht vor dem Zauberer empfand, der in so wenig Noten eine Welt

1*

von Gedanken zu concentriren und vor dem, der sie so zum Ausdruck zu bringen wusste.

Takt 7 und 8 sehr betont die Imitation zwischen Sopran und Tenor: *d c̄ | c b a*, *g f e d*.

Jedes Bruchstück des Themas musste ebenso phrasirt werden wie dieses selbst, so z. B. Takt 8 und 9 im Bass *b | b a g c*. Takt 10 im Sopran *b a* sehr betont, dann im Tenor wieder *b a*. Takt 19, 3. und 4. Viertel und Takt 20 müssen „fast scherzend" gespielt werden, die Achtel graziös gestossen.

Bülow empfahl den Daumen einwärts gebogen zu halten.

Allgemeines über Fugenvortrag.

Der Dux muss immer von einer anderen Hand ausgeführt werden als der Comes.

Ist die Phrasirung des Themas einmal festgestellt, so muss sie während der ganzen Fuge streng bewahrt werden, gleichviel ob und wieviel andere Stimmen später sich noch dazu gesellen.

Beethoven.

Sonate Op. 53.

Als ein Herr sich meldete, diese Sonate zu spielen, wollte er sie zuerst nicht hören. „Ne, ne, man muss nicht bloss die Sonaten spielen, die Rubinstein spielt." Schliesslich liess er sie doch spielen, aber, sagte er, „bloss um Sie kennen zu lernen". Mit der Ausführung war er dann so zufrieden, dass er den Spieler fast gar nicht unterbrach.*) Gegen Schluss des ersten Satzes bei der Stelle (linke Hand)

sagte er, dass, wer die Decime ohne zu arpeggiren geben könne, diese Stelle in Decimen spielen solle, wie Rubinstein es that; es sei dies entschieden Beethoven's Absicht gewesen.

---

*) Bülow sagte: „Sie haben guten Kopf und tüchtig gedrillte Finger. Machen Sie Ihrem Lehrer mein Kompliment. Es ist kolossal, was er Ihnen beigebracht."

Der spielende Herr hatte bei Herrn Carl Schaeffer in Berlin studirt, einem jener edelen Musiker, die von der „Welt" angeekelt, sich in die Einsamkeit zurückziehen und auf eitlen Ruhm verzichten.

Brahms.

Scherzo, Es moll.

Bülow erklärte: „Es giebt Scherzo giocoso und Scherzo serioso. Die meisten Scherzi Beethovens machen verflucht Ernst. Dieses Scherzo von Brahms ist ein frisches Stück aus der Jugendzeit des Meisters."

Im ersten Takte verlangte Bülow, dass die Harmonien recht klar herauskommen:

und machte aufmerksam auf die Analogie mit der Stelle in der vorher gespielten Sonate Beethoven's:

für die er denselben Vortrag verlangte.

Bei einer Fermata sagte er zu dem spielenden Herrn:

„Die Fermata macht Ihrem rhythmischen Gefühl Ehre."

Man vergleiche, was er über die Fermaten im letzten Satze der Sonate Op. 101, und im I. Satze der Sonate Op. 106 in seiner Beethoven-Ausgabe sagt.

Im II. Trio empfahl er in der linken Hand zu spielen:

Sostenuto bedeutet bei Brahms ein geringes ritardando.

Eine Dame, die er nicht kannte, frug er nach dem Lehrer. „Ich muss gewissermassen den Pass verlangen."

10. Mai.

Händel.

Variationen in E dur.

Bülow war sehr unzufrieden mit dem Italiener, der sie spielte. „Hm! Sie fanden es unter Ihrer Würde, die linke Hand allein zu üben. Das ist zu dilettantisch. Ich gebe hier keine Privatstunden. Na ja, recht hübsch vom Blatt gespielt."

Er liess ihn nicht weiter spielen als bis zur zweiten Variation.

„Die Italiener haben recht viel Talent, aber keine Ausdauer. Spielt Jemand noch etwas von Händel?"

Vielleicht eingeschüchtert durch die vorige Scene, wagte Keiner sich zu melden. Bülow sagte dann sehr ruhig:

„Schön! Liszt hatte 11 000 Schülerinnen, die alle seine Lieblingsschülerinnen waren und da galt es, die zweite Rhapsodie so schnell und so stark wie möglich zu spielen. Ich habe hier eine andere Parole aufgestellt. Ich widme hier nicht vier Wochen meines Lebens, damit Sie sich ein Paar Stücke einstudiren, sondern um Sie musikalisch zu bilden nach jeder Seite hin. Schön! Also, meine Herrschaften, ich empfehle Ihnen, diese Meister (Händel, Mozart, Mendelssohn) nicht zu vernachlässigen."

Goldene Worte, die jedem Lehrer stets gegenwärtig sein müssten, um die wahre Bedeutung seines Berufes nie aus den Augen zu verlieren!

Mozart.

Sonate in D dur. (I. Satz, ⁶/₈ Takt.)

Bülow fand das Stück „ohne allgemeines Interesse".

Rondo in A moll.

„Rubinstein spielt manche Sachen entzückend schön, andere aber auch entzückend schlecht. Dieses Rondo spielt er himmlisch."

Wer es von Bülow gehört, dem wird auch seine unsagbar schöne Wiedergabe unvergesslich sein!

„Rubinstein ist der Nachfolger Liszt's".

Zu einer Dame, die das Rondo nicht kannte, sagte er:

„Wenn Sie es auch nicht studirt haben, so müssen Sie doch sagen, dass Sie es kennen, denn es ist eine Blamage, dieses Stück nicht zu kennen."

Bei der Stelle

sagte er: „Das ist eine Feinheit, die man höchstens bei Brahms wiederfindet. Diese Stelle ist ein Prüfstein für das musikalische Talent. Wenn es Ihnen schwer wird, sie auswendig zu lernen, dann lassen Sie das Klavierspielen überhaupt sein."

Mendelssohn.

„Ich kann Ihnen feierlich versichern, dass Mendelssohn in das nächste Jahrhundert hineingeht, während viele andere nicht. Seine Sinfonien werden noch gespielt werden, wenn man von Schumann's Sinfonien nichts mehr wissen wird. Seine Ouvertüren, die ich sinfonische Dichtungen nenne, werden noch leben, wenn andere sinfonische Dichtungen nicht mehr gespielt werden."

Es wurden mehrere Lieder ohne Worte gespielt.

„Ein Lied ohne Worte von Mendelssohn ist für mich ebenso klassisch, wie ein Gedicht von Goethe."

Er empfahl sehr warm das Capriccio Op. 5, das viele „geniale Blitze enthalte".

Bei einem Herrn entdeckte er so viele Fehler: zu langsames Tempo, falsche Phrasirung, schlechten Fingersatz, dass der Arme nicht mehr als einen einzigen Takt spielte!

„Ich hatte die Ehre, gerade zwei Stunden lang Mendelssohn's Schüler zu sein."

„Dass ein Triller so oft misslingt kommt daher, dass man ihn zu schön machen will. Was heisst zu schön? Man will ihn nach dem Princip der 11000 Jungfrauen so schnell und stark wie möglich machen."

„Crescendo heisst piano. Was Sie werden wollen, können Sie noch nicht sein."

Dieser Tag endete mit Rheinberger's Toccata in C moll die zweimal gespielt wurde.

12. Mai.

Bach.

~~~~~

Wohltemperirtes Clavier, II. Theil.

Präludium und Fuge D dur.

Sehr festlich: „Das Präludium wie eine Fest-Ouvertüre für grosses Orchester, die Fuge wie ein Festchor“.

Die ersten Takte schmetternd. „Pauken und Trompeten.“

Takt 5 und 6, die Umkehrung der Anfangsfigur im Alt weniger stark, die steigende Figur im Sopran aber immer glänzend.

Takt 10 und 11 empfahl er im Bass Octaven zu spielen:

Ebenso später Takt 30, 31, 50 und 51.

Takt 13 nach dem 1. Achtel sehr piano.

Takt 15 crescendo, um den 1. Theil kräftig und breit zu schliessen.

Takt 18 rechte Hand theile man in vier Gruppen ein.

Takt 21 ähnlich Takt 5: Alt f, Sopran p.

Takt 25 alles piano. Im 2. Viertel rechte Hand , linke Hand . Takt 26 dasselbe.

Takt 29 crescendo, Takt 30 f.

Takt 33 wie Takt 13.

Takt 35 ist im Alt, 3. Viertel, die Bindung des *d* zum 4. Viertel zu elidiren.

Takt 36 die Achtel in der rechten Hand gehalten.

Takt 40 grosses Crescendo, Takt 41 f.

Takt 45 und 46 analog Takt 5 und 6.

Takt 53 wie Takt 13.

Takt 55 crescendo, um Takt 56 breit und glänzend zu schliessen. In der linken Hand liess Bülow wie am Schluss des I. Theils spielen:

Fuge:

Takt 9 rinforzando, Takt 10—13 weniger stark (Thema in Moll). Takt 14 und 15 (Wendung nach der Tonica) glänzend. Takt 16 vom 2. Achtel an alles sehr zart und äusserst gebunden. Von Takt 19

zu Takt 20 crescendo, Takt 20 decrescendo vom 1. Viertel ab.

Takt 22 zieht Bülow die Variante in der linken Hand vor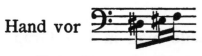

Takt 27 vom Eintritt des Themas (Tonica) an wieder f.

Takt 34 diminuendo, Takt 35 *p*, Takt 38 crescendo bis Takt 40 f.

Takt 44 rechte Hand spiele man die Variante:

 . Schluss crescendo und breit.

II. Theil.

Präludium F moll.

„Wie ein Duett." (Takt 4, 2. Viertel, Eintritt einer anderen Stimme.) „Dies ist die wahre Zukunftsmusik. Bei Bach muss man Clavier sprechen.*) Das Spielzeug überlassen wir den Kindern. Man muss natürlich nur von Komponisten spielen, die etwas zu sagen haben."

Er war nicht zufrieden mit der spielenden Dame, die in Berlin studirt hatte und sagte: „Das ist zu frivol, zu berlinisch. An der schönen blauen Spree mag das gehen." Bei den Sechzehnteln Takt 4 und folgende: „Nein, Sie müssen rhythmischer spielen. Die Damen lieben es, solche Figuren schnell zu

---

*) Vergl. seine Bemerkung zum Adagio der Sonate Op. 106 von Beethoven.

spielen, um in den Pausen die Hand aufzuheben und die Armbänder leuchten zu lassen."

Er gab den Vortrag mit scrupulöser Genauigkeit an. Leise beginnen, anwachsen bis zum 3. Takt. Das Motiv in der rechten Hand so .phrasirt:

Die „neue Stimme" (Takt 4—8) phrasire man: *g* | *as f* | *g* *b* | *as f* | *g*. Die linke Hand in diesem Takt „tenuto".

Takt 11 kleines Crescendo bei der Umkehrung des Anfangsmotivs. Von Takt 13 an stete Steigerung bis Takt 16. Das zweite Motiv bis Takt 20 analog Takt 4—8. Bevor nun das neue Motiv ansetzt, Takt 21, 2. Viertel, mache man eine kleine Pause wie ein Sänger, der athmet. Phrasirung:

etc.

Takt 24 binde man in der linken Hand *es c es ges* | *f*.

Takt 25 und 26

Takt 27 betone man in der rechten Hand *fes es des* | *des e* |. Anfang des 2. Theils wie der

1. Theil crescendo bis zum 1. Viertel des 32. Taktes, 2. Viertel desselben Taktes „piano subito", rechte Hand „legatissimo":

Takt 36 und folgende die Bässe *c* | *f g* | *a des* | *ges* gut betont. In der rechten Hand

Takt 40 und folgende rechte Hand

Takt 47 crescendo, Takt 48, 1. Viertel ritenuto, darnach athmen und dann piano fortfahren.

Takt 56, 57 der Bass sehr ausdrucksvoll, grosses Crescendo bis Takt 58, 1. Viertel, darnach athmen, piano fortfahren. Takt 60, 2. Viertel bis Takt 62, 1. Viertel die Schritte *f b*, *f as*, *f des* und *f c* in der rechten Hand recht hervorheben. Dann:

es f a c | *c a f des*.

Takt 63 linke Hand etc.

Takt 66—68 sehr grosse Steigerung. Linke Hand

Takt 69 die beiden Accorde äusserst sforzato, dann ganz pianissimo und im Takte schliessen. Ueber die Ausführung des Pralltrillers sagte er: „Die Verzierungen sind da um eine Linie ins rechte Licht zu setzen, nicht um sie zu verwischen. Damit die Linie *g f e* | *e f* nicht unklar wird, muss man

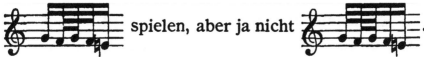 spielen, aber ja nicht .

Tempo: Ziemlich langsam (⁴/₈).

Fuge in F moll.

Man soll nicht den Mordenten auf *f* spielen. Takt 14 rechte Hand *des* ⤜ *c*. Takt 17 f, letztes Achtel betont, Takt 18 p, Takt 19 f, Takt 20 p, 21 f.) Ebenso Takt 32—37, 66—70, 78—82.

„Die Zwischenspiele wie eine Spielerei, aber eine schöne."

Takt 23 crescendo e poco allargando bis zum Eintritt des Themas. „Der Dominantseptimenaccord ist der Lakai, der seinen Herrn ankündigt. Etwas zurückhalten, wenn der kommt."

Takt 40 poco allargando.

Takt 42, 43 die Achtel im Alt staccato.

Takt 80 und 82 die erste Note im Bass sehr stark.*)

Beethoven.

Sonate Op. 26.

Er nannte sie eine „Suite". (Vergl. seine Ausgabe dieser Sonate in „Bülow's Concertprogramme")

„wie eine dringende Bitte".

Ueber den Trauermarsch sagte er, dass er den Chopin's übertreffe, dessen I. Theil zwar sehr schön sei, aber einen „ganz scheusslichen" Mittelsatz habe. „Zur Verbesserung schlage ich Ihnen einen Canon in der Oktave vor", und er spielte:

*) Bülow bedauerte, dass man öffentlich nicht Fugen aus dem Wohltemperirten Clavier spiele. „Man will immer einen Doppelnamen auf dem Programm haben: Bach-Liszt, Bach-Tausig."

Die Wirkung war so unwiderstehlich komisch, dass Alle in ein homerisches Gelächter ausbrachen.

„Uebrigens ist der Trauermarsch Beethoven's kein Stück für Damen. Es wäre, als wenn ein Bassist singen wollte: Dahin, dahin, möcht' ich mit Dir, o mein Geliebter, zieh'n.“

Den letzten Satz nehme man nicht zu lustig, sondern behaglich, ziemlich langsam, damit der Contrast gegen den Trauermarsch nicht zu schroff sei, „nicht, als wenn man nach dem Begräbniss in die Kneipe ginge“.

Bei der Stelle:

trenne man gut die einzelnen Stimmen von einander, „denn das ist ein Dialog, und da muss Jeder so artig sein und den anderen aussprechen lassen, nicht ihm in's Wort fallen“.

Sonate Op. 27, No. 2.

Die spielende Dame setzte Bülow's Geduld auf die Probe. Wir waren erstaunt über die Ruhe, mit der Bülow fast Note für Note durchnahm, bis ihm einmal das vollständige Unvermögen der Schülerin doch zu arg wurde und er sagte, auf die Stirn deutend: „Bitte, ein bischen mit dem Kopf spielen, ja?“

Die Sechzehntel-Figur in der linken Hand zu Anfang „wie eine graziöse Verbeugung. Man könnte von einem Tanzlehrer manches für den musikalischen Ausdruck lernen."

Bei dem 2. Thema soll man an die heilige Cäcilia von Rafael denken. Hier konnte er nun aber das trockene Spiel der Dame, die das wunderbare Stück herzlos abspielte, nicht mehr ertragen und brach heftig aus: „Herrje, warum nehmen Sie Sonaten, die zu schwer für Sie sind? Die Herrschaften sind zu jung, um Beethoven zu verstehen. Wenn Sie ihn spielen wollen, spielen Sie Op. 2."

„Bei Beethoven muss man seine Technik nicht in's Licht, sondern in den Schatten stellen."

Brahms.

Ballade in H moll.

„Die Herrschaften, die dieses Stück nicht kennen, werden meinen, es sei japanesische Musik und werden den Mikado vorziehen."

Im Dur-Theil soll man die Stelle

wie einen Ruf von fern spielen. „Spielen Sie es dort in die Ecke."

„Ruhe ist die erste Clavierspielerpflicht."

„Wir werden ganz unmusikalisch gemacht durch das Geschmeiss der Sänger, die falsch phrasiren." (Siehe S. 52 über Frau Sembrich.)

„Portamento ist falsch für legato-staccato."

(Portare la voce = die Stimme von einem Ton zum anderen ziehen.)

„Der Ausdruck ‚rein menschlich' ist verbraucht. Man versteht darunter heute meistens das rein Thierische."

„Es giebt drei Abstufungen im musikalischen Vortrag: man kann richtig, schön und interessant spielen. Nun spielen sie nicht so interessant, dass es aufhört schön zu sein, und nicht so schön (gefühlvoll), dass es aufhört richtig zu sein."

Da Jemand, der auswendig spielte, viele Gedächtnissfehler machte, sagte Bülow:

„Sehen Sie, das kommt aus dem verfluchten Auswendigspielen, was man inwendig nicht kann. Ach was, ohne Noten spielen, mir ist viel lieber, Sie spielen mit Noten. Durch das Auswendigspielen wollen Sie uns imponiren, wir lassen uns hier aber nicht imponiren, so weit sind wir doch, nicht wahr? Ich verlange nicht, dass Sie mir Kunststücke vormachen."

Niemand durfte fortan auswendig spielen. War es schon bewunderungswürdig, staunenerregend, wenn Bülow auswendig dirigirte, so war es noch viel mehr, fast unbegreiflich die Sicherheit seines Gedächtnisses in diesen Stunden, für die er sich nicht vorbereiten konnte. Jedes Stück, das gespielt wurde, corrigirte er aus dem Gedächtniss an dem zweiten Flügel.

~~~~~~~

13. Mai.

Raff.

~~~~

Suite in D moll. Fantasie und Fuge.

Als die Dame die Terzenpassagen am Schluss sehr hart spielte, schrie Bülow entsetzt: „Aeh, äh, machen Sie nicht so viel Lärm, als wenn eine Porzellankiste die Treppe hinunterpurzelt".

~~~~~~

Giga con variazioni.

Bülow erklärte, dass Giga ein langsamer Tanz italienischen Ursprungs, während Gigue ein schneller Tanz französischen Ursprungs sei.

In der 4. Variation war ihm die Sechzehntel-Pause bei der Figur zu kurz. „Um die Stelle zu üben, schlagen Sie bei der Pause jedes Mal mit der Fussspitze, oder" — fügte er maliziös lächelnd hinzu — „mit dem Hacken, das ist vielleicht bequemer."

Bei der vorletzten Variation opfere man nicht dem Tempo („il più presto possibile") die Klarheit, sondern eher umgekehrt.

Das Stück wurde dann von einem anderen Herrn abermals gespielt. Höchst instructiv waren diese Wiederholungen desselben Stückes, denn der zweite Spielende hatte (wenn er intelligent war) die bei seinem Vorgänger gemachten Bemerkungen sich angeeignet, so dass der Lehrende bei der Wiederholung auf andere Einzelnheiten eingehen und den Vortrag mehr ausfeilen konnte.

Chopin.

Scherzo. Cis moll.

„Von Chopin empfehle ich Ihnen die vier Scherzi und die vier Impromptus. Das nenne ich den männlichen Chopin im Gegensatz zum krankhaften, hysterischen. Die Balladen mag ich nicht." (Vergl. S. 41.)

Liszt.

„Von Liszt will ich keine Rhapsodien, überhaupt keine Transcriptionen hören. Die Soirées de Vienne allenfalls, mit Ausnahme von No. 6."

Er empfahl die 12 Etüden, die beiden Concertetüden „Waldesrauschen" und „Gnomenreigen", die drei Etüden (As dur, F moll und Des dur), die beiden

Balladen und „Scherzo und Marsch". Letzteres Stück liebte er sehr.

~~~~~~~~

Valse-Impromptu.

„Diesen Walzer hatte Liszt der Kaiserin von Russland in's Album geschrieben, die schenkte ihn ihrer Hofdame, diese ihrer Kammerzofe, diese ihrem Liebhaber und der verkaufte ihn dem Verleger Schubert. Das ist die Geschichte eines Walzers!"

Die Stelle

„als wenn es bald hier, bald dort aufleuchtet".

Bei der Stelle

sagte er: „Man ist gezwungen, in Concerten Feuerwerk zu machen, mehr oder weniger anständiges. Ich empfehle Ihnen einen Scherz, der nämlich zu den anständigen gehört: Spielen Sie das Schwere, als wenn es sehr leicht und das Leichte, als wenn es sehr schwer wäre." Geistreiche Umkleidung der Regel: bei schweren Stellen nicht die Technik als Selbstzweck glänzen lassen und bei leichten Stellen nicht die Ruhe verlieren.

„Ich glaube wohl, dass Madame Essipoff eine grosse Virtuosin ist, aber als Musikerin“ — und er betonte jedes der folgenden Worte — „gehört sie zu den grössten Scheusälen, die ich kenne.“

~~~~~~~~~~

16. Mai.

Bach.

Wohltemperirtes Clavier, II. Theil.

Präludium B moll.

„Das ist zu elegant. Machen Sie bei Bach wenig Nüancen. So viele moderne Crescendos, Pianos, Diminuendos entstellen das Werk. Hier ist es mehr ein rein musikalisches Interesse an den Intervallen. Sie müssen eine Partitur davon schreiben, dann phrasiren Sie und üben Sie besonders die Stellen, wo die Absätze in zwei Stimmen verschieden sind. Nur so kommt man zu einem schönen Vortrag Bach's.“

Die Dame spielte nicht legato genug. Bei Bülow's Legato-Spiel hatte man das Gefühl, als wenn seine Finger an den Tasten klebten. Beethoven übersetzte bekanntlich „legato“ mit „geschliffen“ (in dem Lied: „Kleine Blumen, kleine Blätter“).

„Ihr permanenter Zustand beim Musiziren muss sein, dass Sie höchst unzufrieden mit sich sind, dann fragen Sie sich nach den Gründen, warum Sie so höchst unzufrieden mit sich sind.“

„Eine Regel, die ich in jeder Orchesterprobe wiederholen muss und die keine Ausnahme kennt, ist die: Bei einer Gruppe gebundener Noten, seien es zwei oder 42, muss die erste betont werden, die letzte leichter und kürzer sein." (Vergl. Moscheles, Vorwort zu Op. 70.)

Das Präludium nahm er breit und kräftig.

(Vergl. in der Cis moll-Fuge des I. Theils das 2. Thema.)

Takt 3 muss die Oberstimme weniger stark sein als die melodieführende Mittelstimme.

In der linken Hand

Takt 8 Mittelstimme *c c f* sehr betont, wie überhaupt alle Viertel immer wuchtig.

Takt 38 soll man in der Oberstimme das *As* im 2. Viertel nochmal anschlagen, weil der Klang bis dahin schon erloschen ist.

Fuge B moll.

Bülow sagte, das Thema reiche bis zum 7. Takt, denn bei der Umkehrung des Themas (Takt 42 und folgende) werden diese Takte 5—7 auch umgekehrt. Ohne mir anmassen zu wollen, Bülow zu corrigiren, kann ich doch nicht umhin, ein Bedenken auszusprechen. Es kommt vor, dass der Contrapunkt mit

umgekehrt wird in der Weise wie hier.*) Man bemerke auch, dass die Umkehrung der Takte 5—7
zugleich mit der Umkehrung des Themas Takt 42—44
erscheint, also nicht als Fortsetzung dieses. Wenn
aber das Thema bis zum 7. Takt reicht, warum
nehmen die anderen Stimmen nur vier Takte davon
auf? Nur der Bass bringt die Takte 5—7, aber nach
einem eingeschobenen Takt, der also Thema vom
Contrapunkt scheidet! Man könnte noch Mehreres
gegen Bülow's Ansicht anführen, mir scheint das
Angezogene genügend, um zu zeigen, dass sie sehr
anfechtbar ist.

Phrasirung des Themas:

*) Siehe die Fuge in G dur, I. Theil, Takt 20—26, die
genaue Umkehrung von Takt 1—7 sind.

Diese Phrasirung muss selbstverständlich auch bei der Umkehrung beibehalten werden.

~~~~~~

II. Theil.

Präludium und Fuge. A dur.

Bülow nannte diese Fuge eine der leichtesten.

Das Präludium fliessend, anmuthig, nicht zu p (etwa mp). Takt 4 Oberstimme

Takt 13 crescendo bis Takt 15, wo man in der 2. Hälfte dann nach dem p zurückkehrt und etwas zurückhält.

Die Fuge sehr ruhig, mp, molto legato. Im Thema betone man die fallenden Sekunden: *d cis*, *e d*, *fis e*. Takt 14 Bass:

Takt 16 zieht Bülow die Variante vor. Man muss den Eintritt des Themas gut markiren:

Bülow war sehr unzufrieden mit dem spielenden Herrn. Als eine Dame darauf ebenfalls mittelmässig spielte, sagte er: „Diese Leistung ist viel respectabler als die vorige, weil sie durch Fleiss sich den Schein des Talents giebt, während die vorige durch das Gegentheil dieses Scheins verlustig wird.“

I. Theil.

Präludium und Fuge in G moll.

Tempo: Mässig bewegt. Man beginne forte. Trillerausführung wohl zu beachten. (Siehe Kroll's Anweisung auf Seite II seiner Ausgabe des Wohltemperirten Claviers.)

Takt 2:

Takt 10 diminuendo, Takt 11 p, crescendo, Takt 12 forte. Schluss: cresc. e rit.

Fuge: Lebhaft.

Takt 3 linke Hand

Takt 16 nehme man das *b* im Tenor mit der rechten Hand und löse es im 4. Achtel mit der linken Hand ab.

Takt 24, 2. Hälfte und folgende

Takt 33 Bass, alle Achtel staccato. Schluss: kräftig und breit.

I. Theil.

Präludium und Fuge, Gis moll.

Das Präludium ziemlich lebendig.

Fuge:

Takt 21 Bass:

Ebenso, wenn der Sopran darauf diese Figur imitirt.

Leider spielte der Herr so ungenügend, dass Bülow ihn nicht enden liess.

Wegen Bülow's Meinung über Czerny's Ausgabe des Wohltemperirten Claviers, die er hasste, siehe sein Vorwort zu Cramer's Etüden. (Vergl. auch Schumann's „Neue Briefe", S. 364.)

„Die sinkende verminderte Quarte oder Quinte kann man binden, sie ist sangbar

Auch die steigende Quinte

nicht aber die steigende Quarte

sondern

Beethoven.

Sonate Op. 101.

Bülow tadelte sehr viel und wurde immer ner-
vöser. Plötzlich, als wenn er nun den Grund entdeckt hätte, warum man so schlecht spiele, wandte
er sich heftig zu den Zuhörenden und sagte: „Wir
haben neulich bei einigen ausserordentlichen Leistungen applaudirt. Ich verbiete es Ihnen hiermit
auf's Strengste. Das sind hier keine Concerte und
das Applaudiren erweckt den Wunsch zu glänzen
und zu imponiren." Darauf schickte er den spielenden Herrn fort und sagte zu einem anderen:
„Spielen Sie die Sonate, wenn das Beispiel Ihres
Vorgängers Sie nicht decouragirt hat."

„Es ist sehr schmeichelhaft für mich, dass Sie
meine Ausgabe bringen, ich rathe Ihnen aber doch,
Klindworth's Ausgabe zu nehmen; dort finden Sie
all das Gute meiner Ausgabe, das Ueberflüssige
ausgeschieden, das Irrige verbessert."

Im Adagio fand er einen genialen Ausdruck, um

den Spieler bei dem Akkorde zu inspiriren.

„Dieser Akkord muss wie sehr bekannt und doch fremdartig berühren. Befremdend-anheimelnd: wenn Ihnen das nicht zu paradox erscheint.“

„Um ein helles piano zu erreichen, muss man den Finger von hoch oben auf die Taste fallen lassen, als wenn man stark spielen wollte, aber im Moment des Anschlages die Taste weich drücken.“

Den II. und IV. Satz darf man ja nicht zu schnell nehmen. Für den II. kann als Maass ein wirklicher Marsch zu vier Zählzeiten gelten.

Bei der Fermata im IV. Satz (Uebergang zum Fugato) sagte er: „Ich bemerke wieder mit Vergnügen, wie richtig Ihr rhythmisches Gefühl ist, so dass ich Ihnen hier eine öffentliche Genugthuung geben muss (siehe S. 6). Das ist sehr wichtig. Wer kein Gefühl für den Raum hat, kann nicht malen, wer kein Gefühl für die Zeit, kann nicht musiziren. Sie werden nicht allein ein guter Pianist, sondern auch ein guter Dirigent werden.“.

Als das Fugato begann, freute ihn die Art, wie der spielende Herr den Auftakt empfand. „Sie haben einen Vorzug, Sie sind kein Deutscher, können Auftakte spielen.“

17. Mai.

Händel.

⁓⁓⁓

„Ich habe in meinen Händelausgaben das Detail übertrieben und zuviel Nüancen hineingebracht, was nicht zu Händel passt. Ich hatte aber damals gegen das geistlose Herabhämmern zu kämpfen. Heute bitte ich Sie den Vortrag zu vereinfachen."

⁓⁓⁓⁓⁓

Mozart.

⁓⁓⁓

Fantasie C dur.

Sie wurde zweimal gespielt. Bülow hielt das Stück ausserordentlich hoch.

⁓⁓⁓⁓

Menuett D dur.

Wenn es möglich wäre, Bülow's Vortrag dieses Stückes zu fixiren! Keine Worte können die entferntestе Idee von der keuschen Anmuth, der tiefen Innigkeit geben, mit denen Bülow dieses entzückende Stück wiedergab. Man weiss nicht zu entscheiden, wo er grösser war: im Humoristischen, das doch sein eigenstes Element war, worin er einzig war, oder im Grandiosen, worin er Gigantisches leistete

(IX. Sinfonie), oder im Intimen, „Zart-leidenschaft-
lichen". Wer das Glück hatte, die Berliner Philhar-
monischen Konzerte zu hören, wird nie vergessen,
wie er mit der anscheinend so einfachen Begleitung
von Beethoven's „Adelaide" einen namhaften Sänger
gänzlich in den Schatten stellte.

~~~~~~

Sonate in F dur.
(³/₄ Takt, I. Satz.)

Bülow fand das Stück ohne allgemeines Interesse.

~~~~~~

Mendelssohn.

~~~~~~

Lieder ohne Worte.

„Mendelssohn nimmt oft, wie das früher überhaupt die Mode war, zu der Singstimme eine selbst-
ständige Begleitung mit dem Bass dazu. Jetzt ist
man bequemer. Man setzt ein Paar verrückte Harmonien und noch dazu möglichst tristanisirt oder
walkürenisirt. Brahms thut es nicht. Bei ihm finden
Sie immer eine interessante Begleitung."

„Vorschläge können eckig oder rund ausgeführr-
werden. Wenn Alberich im Rheingold auftritt, da
müssen sie eckig sein, aber bei Mendelssohn zier-
lich, rund."

„Die Ritardandos, die man Mendelssohn zulegt, haben ihn in den unverdienten Ruf einer limonadenhaften Sentimentalität gebracht. Es ist aber edler Wein, keine Limonade."

Bei dem Lied ohne Worte in G moll (⁶/₈) wurde er sehr heftig wegen der Achtel in der Melodie, die der spielende Herr etwas zu lang nahm. Bülow's feines rhythmisches Gefühl wurde davon auf's Aeusserste irritirt, so dass er mit Händen und Füssen Takt schlug und stöhnte wie ein Gefolterter. Der Spieler hatte die Grausamkeit, bis zu Ende zu spielen. Bülow sagte: „Ich kann eine ganze Menge falsche Noten vertragen, aber falsche Rhythmen, da gerathe ich ausser mir."

Dann, als wenn er sich selber beruhigen und gleichzeitig uns auch einen Beweis geben wollte, dass seine Güte durch einige schlechte Leistungen nicht vermindert werde: „Na, ich werde Ihnen eine Toccata von Rheinberger (G moll) vorspielen."

19. Mai.

Bach.

Fantasie und Fuge A moll.

Wohltemperirtes Clavier, I. Theil.

Präludium B dur.

Takt 3, 4 und 5 das 1. Achtel im Bass betont, Takt 6 das 6. und 8. Achtel.

3*

Fuge:

Präludium B moll.

Sehr langsam, mit tiefster Empfindung.

Fuge. Das Thema wie in einem Athem, der Nonenschritt: *f ges* muss recht fühlbar sein. Mässiges Tempo, majestätisch ernst, markig.

Präludium Fis dur.

Die Imitation der linken Hand im 1. Takt (7, 16, 19) etwas stärker (mp) als die rechte Hand.

Takt 4 crescendo bis Takt 5, dritter Takttheil, im vierten p subito. Ebenso Takt 13—14, 16—17, 28—29. Diese Nüance, die manchem hypermodern erscheinen mag, ist nichtsdestoweniger von hoheitlicher, vornehmer Grazie und steht dem „ehrwürdigen" Bach sehr gut.

Im letzten Takt halte man die letzten Noten aus:

Fuge:

Takt 4 im Sopran:

Takt 17 Bass:

II. Theil.

Präludium Des dur.

Bülow zieht die in einigen Ausgaben stehenden Varianten vor: Takt 4, Bass, 7. Achtel *es:* ,

Takt 5:	Takt 6:	Takt 7:
	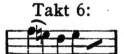	

Takt 9:	Takt 10:	Takt 18:
		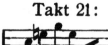

Takt 19:	Takt 20:	Takt 21:

Takt 45 Mittelstimme:

Fuge. Das Thema nahm Bülow leise und staccato, ebenso die Verkleinerung des Themas Takt 5, 6, 18, 19. Alle anderen Sechzehntel legato. Die Vergrösserung des Themas Takt 25 und Takt 27 kann nicht genug betont werden. Takt 29 den Eintritt des Themas in der Umkehrung im Tenor *es des fes b* nicht übersehen. Tempo: lebhaft, heiter.

Beethoven.

Sonate C dur Op. 2.

Im I. Satz, 2. Thema darf man bei der Stelle im Bass

das $\frac{c}{c}$ nicht als Octave empfinden (um die Octavfolge *a c* zu vermeiden). Das obere *c* muss im Ton verschieden vom tieferen sein.

Andante F dur.

Als die spielende Dame die Terzen mit dem Liszt'schen Fingersatz ⁴³⁴ trotz Bülow's Verbot spielen wollte, rief er ungeduldig aus: „Lassen Sie doch diesen ungarischen Rhapsodien-Schwindel-

Fingersatz fahren, spielen Sie hier mit dem klas-
sischen Fingersatz."

Man erinnert sich, dass Liszt jenen Fingersatz
u. a. in seiner I. Ungarischen Rhapsodie (Finale)
vorschreibt.

Brahms.

Variationen über ein Thema von Händel, Op. 24.

„Der Meister tadelte mich, dass ich das Thema
zu nüancirt spielte. Er nimmt es ganz einfach."
Die 22. Variation „grell, wie ein schottischer
Dudelsack".

Ballade D dur.

Er fasste die beiden ersten Takte als blosse Ein-
leitung auf, die Melodie beginne erst im letzten
Viertel des 2. Taktes. (Vergl. jedoch die letzten elf
Takte des Stückes. Auch hier wage ich es, Bülow's
Ansicht zu bezweifeln.)

Bülow's Urtheile über einige französische
Musiker:

„Der leider so früh verstorbene Bizet war einer
der geistreichsten, feinsten französischen Musiker "

„Saint-Saëns ist einer der besten, gelehrtesten Musiker."

„Um Hässlichkeiten à la Berlioz zu schreiben muss man verflucht viel Genie haben."

~~~~~~~~~

20. Mai.

Raff.

~~~~~

. Suite G moll, I. Satz.

Frühlingsboten. Bülow nannte sie „Kleine Gedichte". Bei der Nummer: „Vorwurf" sagte Bülow: „Man kann Raff keinen Vorwurf machen, dass er Vorwurf zum Vorwurf einer Composition gemacht hat."

In dem Stücke „Abends" soll man nach dem 4. Takte eine kleine Pause machen. „Man kann nicht die ganze achttaktige Phrase in einem Athem singen. Ja, das wäre schön, wenn man das könnte."

Er lobte wiederholt den spielenden Herrn.

„Eine von Ihren guten Eigenschaften ist Ihr discreter Pedalgebrauch. Eine andere — denn Sie haben viele guten Eigenschaften — ist, dass Sie sich so treu an den Buchstaben halten."

~~~~~~~~~

Chopin.

Scherzo, wie man gewöhnlich sagt in B moll, während es wirklich in Des dur steht.

Liszt.

Consolations. — Waldesrauschen. — Ballade H moll.

„Diese Ballade kann sich im poetischen Inhalt mit denen Chopin's messen." (Vergl. S. 22.)

Zu Anfang gebe man sorglich Acht, dass die zwei ersten Noten *fis h* recht deutlich herauskommen, damit der Hörer sofort die Tonart mit Bestimmtheit empfinde. Bei den chromatischen Gängen der linken Hand erlaubte er kein Pedal, trotz Liszt's ausdrücklicher Vorschrift. Im Uebrigen war er sehr zufrieden mit dem spielenden Herrn. „Ein schönes Stück und die Ausführung war dessen würdig. Sie sind so musikalisch, dass Sie sogar das Unmusikalische in diesem Stücke in Musik verwandeln."

23. Mai.

Bach.

Wohltemperirtes Clavier, I. Theil.

Präludium Cis dur.

Linke Hand:

Ebenso bei der Wiederholung dieser Stimme in der rechten Hand. Takt 55—63 sempre crescendo. Takt 63 fp. Takt 67—74 crescendo poco a poco. Takt 75 f. Takt 83—86 diminuendo. Takt 87 p. Takt 91—99 crescendo. Takt 99 bis zum Schluss f.

Fuge. Bülow billigte nicht die Tausig'sche Phrasirung des Themas:

Er sagte, seine langjährigen Studien des Wohltemperirten Claviers hätten für diese Fuge folgendes Resultat ergeben:

Chromatische Fantasie und Fuge.

Bülow wiederholte, dass er auch in der Ausgabe dieses Werkes die Nüancirung übertrieben habe. (Siehe S. 33.)

„Das Thema der Fuge spielen Sie so, als wenn Jemand eine Mittheilung macht, die dem Hörer ganz neu und überraschend ist, bei der er noch nicht weiss, woran er ist; erst bei dem *b* im 5. Takt geht ihm ein Licht auf: ach so!" Natürlich muss dieses *b* sehr betont werden.

Beethoven.

Sonate Op. 106, I. Satz.

Bülow erklärte „Hammerclavier" sei nur die deutsche Uebersetzung für Pianoforte und nicht etwa eine neue Erfindung, für die Beethoven speciell diese Sonate geschrieben hätte. „Wenn man mir von der Sonate für Hammerclavier spricht, pflege ich zu fragen: welche meinen Sie? Op. 101, 109 oder eine andere?"

(Vergl. Beethoven's Briefe, II. Band, S. 277.)

Ueber die Rückkehr zum 1. Thema (*ais* oder *a*) sagte er: „Ein Bekannter von mir hat im Original das Auflösungszeichen vor dem *ais* ganz verblasst entdeckt. Als ich meine Beethoven-Ausgabe machte, wusste ich das nicht, glaubte analoge Stellen in anderen Werken des Meisters gefunden zu haben und plaidirte für *ais*. Jetzt bitte ich Sie aber *a* zu spielen."

Etwas zurückhalten bei der Wiederkehr des 1. Themas. „Wenn man triumphirt, eilt man nicht, das thut man höchstens beim Gegentheil."

Man soll den ersten Theil dieses Satzes nicht wiederholen, falls man nicht mit seiner Ausdauer renommiren wolle. Die Fermaten bei dem Uebergang zur Durchführung soll man nicht so lang halten, wie er es in seiner Ausgabe verlangt. Das Tempo nahm Bülow langsamer, als in seiner Ausgabe angegeben ist.

24. Mai.

Händel.

Präludium und Fuge aus der F moll-Suite.

Das Thema der Fuge „wie in Stein gehauen".

Mozart.

Sonate F dur. ($^8/_4$ Takt.)

„Mozart war nicht umsonst ein halber Italiener. Sie spielen ihn, als wenn er nicht in Salzburg, sondern in Stockholm geboren wäre. Das ist zu frostig, zu todt! Der Ton ist zu dünn, zu kindlich. Studiren Sie seine Opern — oder spielen Sie mit einem Geiger seine Violinsonaten. Es ist bei Mozart immer ein dramatischer Zug, selbst in diesen Claviersonaten. Jedes Thema bei Mozart ist eine Individualität. Sie müssen eine feste Gestalt vor Augen haben."

Als der Herr den letzten Satz zu schnell anfing, sagte Bülow: „Das ist gar zu lustig. Nicht Neapel. Nur Salzburg."

„Von den Streichquintetten Mozart's kann man so viel lernen, dass man sie eigentlich immer bei sich tragen müsste."

„Für Ihre musikalische Gesundheit ist es jedenfalls viel besser, wenn Sie Mozart spielen als eine ungarische Rhapsodie."

Fantasie C moll.

„Diese Fantasie gehört gar nicht zur C moll-Sonate, wie man gewöhnlich meint. Durch Zufall sind beide Werke in demselben Heft erschienen und seitdem spricht man immer von der Fantasie und Sonate."

„Sehen Sie 'mal, zwischen p und pp, da ist doch ein Schiedunter." Er war in ausgezeichneter Stimmung, wie man aus der Form dieser Bemerkung ersieht.

„In dem Bestreben, nicht langweilig zu werden, sind wir nun doch gar zu kurzweilig geworden."

„Der Quart-Sext-Accord ist der Lieblingsaccord der Ultrawagnerianer. Die können nichts anderes schreiben als Quart-Sext-Accorde."

„Ich bin hierher gekommen, um Ihnen Anleitung in Vortragsstudien zu geben und was man unter Styl versteht. Sonst hat Herr Schwarz mehr Talent und Geduld zum Unterrichten als ich. Ich will Sie vorbereiten, in's Land des Dichters zu reisen. Ich gebe Ihnen eine Art Baedecker, einen Bach-Baedecker, einen Beethoven-Baedecker etc." (Vergl. S. 8.)

„Adagio ist nicht das langsamste Tempo. Ad agio, à l'aise, d. h. bequem."

„Mozart hat man genannt, nennt und wird man nennen den Rafael der Musik. Nun ist es aber unrafaelisch, manche sfz so schroff und derb zu machen." Dies bezog sich auf die Stelle:

„Es ist immer eine gewisse Ironie bei Mozart. Aber richtige. Heute versteht man unter Ironie, wenn ich z. B. jetzt sagte: es ist himmlisches Wetter."

Es war eisig kalt und regnete ohne Unterbrechung. (Ueber Ironie und Humor vergl. seine Vorrede zu Scarlatti's Stücken.)

„Ein Staccatopunkt ist 50 %. Schön! nun geben Sie mir 50 %, aber nicht 25 %. Das thut man nur, wenn man Bankrott macht."

(Folglich ist legato-staccato ⌒···· 75 %. Das Staccato zu 25 % wird mit dem Strich ׀ bezeichnet.

Vergl. Moscheles, Vorwort zu Op. 70. Beethoven's
Briefe, I. Band, No. 361.)

„Die Popularität Verdi's besteht darin, dass er
einen Ton oft wiederholt, was sich freilich leicht
behalten lässt." Zur Illustrirung spielte er:

Mendelssohn.

Spinnerlied. „Das ist zu grobfühlig. Mendelssohn war aber ein feiner Kerl."

„Das schnelle Spielen hat Mendelssohn in den
Verdacht gebracht, dass er mauschelt, er spricht
aber wie ein edler Musiker." Die spielende Dame
war gerade eine Jüdin.

Scherzo in E moll.

Bülow's sehr häufige Bemerkungen hatten so
wenig Einfluss auf das Spiel des Herrn, dass Bülow
sich schliesslich die Ohren zuhielt, worauf der Herr
sehr sanft seine Noten unter den Arm nahm und
vom Kampfe abliess.

Zum Schluss spielte uns Bülow das vor wenigen
Tagen erschienene neueste Stück Rheinberger's:
Zum Abschied und zwar auswendig.

26. Mai.

Bach.

Wohltemperirtes Clavier, I. Theil.

Präludium F moll.

Andante. Viel Ton. Die Viertel in der linken Hand sehr gehalten. Takt 4, 5, 6, 8 etc. die Achtel non legato.

Die Bindung im Bass Takt 17—20 soll man streichen, das *c* in jedem Takte anschlagen.

„Trotzdem zu Bach's Zeiten alle Stücke aus Moll in Dur enden mussten, so hat man doch öfter das Bedürfniss nach dem Schluss in Moll. So in diesem Präludium."

(Immerhin finden sich im Wohltemperirten Clavier manche Stücke in Moll, die ebenso enden.)

Fuge:

Den Contrapunkt „lebendig". Alle Zwischenspiele weich, das Thema jedes Mal furchtbar betont, wie eherne Schritte.

---

*) Vergl. Seite 32.

Im vorletzten Takte wollte er nicht, dass die Triller mit dem Oberton beginnen (der Grund ist so leicht zu ersehen, dass ich es für überflüssig halte, ihn anzugeben). Schluss in Moll.

~~~~~~

Präludium Cmoll.

Die Dame fing so schnell an, dass Bülow sie frug: „Wie wollen Sie nachher das Presto spielen?"

Fuge:

Man bemerke hier wieder die geniale Art der Accentuirung. (S. 2.)

Alle übrigen dem Thema nicht entstammenden Sechzehntel legato.

„Den Herrschaften, denen Bach ein Buch mit sieben Siegeln ist, und die es sich erschliessen möchten, empfehle ich Moscheles' Bearbeitung des Wohltemperirten Claviers für zwei Claviere. Auch Buonamici's ‚Vorschule zum Wohltemperirten Clavier' ist vorzüglich."

„Moscheles und Hummel sind leider zu sehr in Vergessenheit gerathen, aber sie sind solche Marksteine in der Geschichte des Clavierspiels, wie Liszt und Rubinstein, und ihre Compositionen werden länger bleiben."

„Heut' zu Tage ist nichts Feierliches mehr mit dem Drucken verbunden. Was ist z. B. die Zeitung? Nichts als ein vervielfältigter Klatsch."

<hr />

Beethoven.

Sonate Op. 106.

„Ich bin im Ganzen nicht dafür, die letzten Sonaten Beethoven's spielen zu lassen, aus dem ganz einfachen Grunde, weil die meisten Herrschaften sie nicht verstehen. Das ist eine Höflichkeit, die ich der Mehrheit schuldig bin." Er tadelte, dass alle Pianisten mit einer „letzten" Sonate auftreten. „Ich bin freilich daran schuld, denn ich gab damals mit dem Vortrag der fünf letzten Sonaten für den Bayreuther Fonds den Anstoss. Ein Witzbold meinte, ich sollte als Pendant die fünf ersten Sonaten von Clementi spielen."

Das Adagio liess er nicht spielen, „denn das versteht nur die Minorität". Mitten in der Fuge unterbrach er den Spieler: „Ich glaube, selbst wenn Sie es zwei Mal spielten, würden die Herrschaften es doch nicht verstehen. Als man irgendwo die Neunte Sinfonie aufführen wollte, sagte Jemand: Ach, die Neunte, die kann ja der Zehnte von uns nicht verstehen. Diese Fuge kann auch der Zehnte nicht verstehen. Vergleichen Sie sie mit der Quartettfuge in

B dur. Spielen Sie jetzt lieber den I. Satz wieder, den Sie neulich so famos gespielt haben. Man hat mit Recht diese Sonate mit der IX. Sinfonie verglichen. Denn in beiden findet sich ein prächtiger erster Satz, in beiden ein himmlisches Adagio, in beiden ein genialer Schlusssatz, wo die Grenzen der Schönheit überschritten werden. Ebenso wie in dieser Fuge finden sich im Schlusssatz der ‚Neunten‘ Sachen, die man unschön nennen muss. Nach falscher Bayreuther Auffassung soll Beethoven in der ‚Neunten‘ der Musik das letzte Wort geredet haben. Das ist nicht der Fall. Dieser Schlusssatz hat aber verderblich gewirkt, man glaubte danach, dass das Unerlaubte erlaubt sei und schrieb lauter Sinfonien mit Chören.“

Brahms.

Capriccio H moll Op. 76.

„Eigentlich soll man nicht präludiren. Manchmal muss man es aber doch thun, wenn z. B. der Hörer das ganze Stück hören möchte und wird bei den ersten Takten durch die Bedürfnisse seiner Nachbarn und deren Befriedigung daran verhindert. Dann thue man es aber im Geiste des Componisten. Als Studie empfehle ich Ihnen die Präludien Beethoven's und die Moscheles. Man combinirt das Alles zu-

4*

sammen und aus der Mischung fremder Gedanken gewinnt man etwas, was man für eigene Gedanken ausgeben kann."

„Der Interpret soll das Gegentheil eines Todtengräbers sein: er soll das Verborgene an das Tageslicht befördern."

Er war nicht zufrieden mit der spielenden Dame, zu der er sagte: „Sie spielen so affectirt, wie für eine Theegesellschaft von Blaustrümpfen".

„Man lernt sonst von Sängern sehr wenig. Aber hören Sie Frau Sembrich" (die zu der Zeit gerade in Frankfurt gastirte): „ei, da kann man etwas lernen, besonders für den Vortrag von Cadenzen. Die ist musikalisch."

Zwei Rhapsodien.

Die Bässe zu Anfang der zweiten, „wie ein Drache, der seinen Rachen immer weiter aufsperrt."

Ich hörte Bülow zu einem Herrn sagen: „Diese verschiedenen Capacitäten verwirren mich. Man muss da in einen trivialen Ton fallen. Mit Herrn N. kann ich auf die feinsten Nüancen eingehen. Ja, aber die Frauenzimmer verstehen das nicht", fügte er verzweifelt hinzu.

27. Mai.

Raff.

Suite E moll.

„Bei Mendelssohn muss man sich hüten, zu schnell zu spielen, bei Raff geht Alles etwas flott."

„Gutzkow hat Recht: ein Kunstwerk muss den Eindruck des Improvisirten (im höheren Sinne) machen. Sie müssen so spielen, dass der Hörer glaubt, Sie spielen das Stück zum ersten Male."

„Wenn die Modulationen sich häufen, muss man zurückhalten."

Bei einem Auftakt, den der Herr nicht ganz klar spielte: „Hören Sie Frau Sembrich. Da wird nichts verschluckt, kein Auftakt."

Zum Menuett: „Sie spielen zu unschuldig. Das muss sehr raffinirt gespielt werden, damit es nicht ordinär klingt."

Das Trio soll man spielen, als wenn der Componist selbst sich über die Trivialität moquire und mit einem Scherz darüber hinweggehe.

„Das sind so Eigenthümlichkeiten des Vortrags bei Raff, die Wenige Ihnen so wie ich sagen können. Es sind jetzt gerade 40 Jahre her, dass ich den Componisten kennen lernte."

Cavatine aus der Suite in D moll.

Die Dame „deklamirte" nicht gut den Anfang, nahm das Auftaktsachtel zu schwerfällig: $--\smile\,|\,-$ anstatt: $\smile-\smile\,|\,-$. Bülow wurde immer aufgeregter und erschöpfte sich in Vergleichen, um der Dame das Unschöne ihres Vortrags fühlen zu machen. „Wenn ich so lauter Längen höre, werde ich ganz nervös. Sie spielen, wie man im Berliner Dialekt: Kehlnehr sagt, anstatt Kellner. Kennen Sie die Dame, die Thiergartenstrasse No. 35 wohnt? Die spricht in lauter Spondeen. Wenn Sie die hören, werden Sie keine Spondeen mehr spielen."

„Das klingt so sentimental, so langweilig! Sentimentalität ist die Nachtseite der wirklichen Empfindung. Ich lasse hier keine sentimentalen Sachen spielen."

Als er empfahl, eine Stelle „schwungvoller" zu spielen, spielte die Dame zugleich schneller. „Schwung ist aber nicht identisch mit Schnelligkeit. Um schwungvoll zu spielen, brauchen Sie nicht das Tempo zu beschleunigen."

Bei einer sehr feinen Modulation sagte er sichtlich ergriffen: „Ja, ja, *music is a strange thing*. Es ist da Vieles, das man nicht fassen kann."

Chopin.

Fantaisie-Impromptu.

Er sprach von seiner Ausgabe der vier Impromptus.

„Herr Bussmayer in München, dessen Frau Primadonna ist, lässt meine Ausgabe nicht spielen, weil ich von seiner Frau nicht entzückt bin."

Zu den ersten Takten: „Was ich hier brauche, um so zu sagen den Kohl fetter zu machen, sind die Bässe."

„Ich kenne eine Masse Schülerinnen Chopin's, die sich von denen Liszt's dadurch unterscheiden, dass sie — viel älter sind und keine Stunde bei Chopin gehabt haben. Sie haben aber mehr gelernt."

Als Jemand bat, die As dur-Ballade zu spielen: „Ich bedaure sehr, die Balladen nicht hören zu können. Es ist dies gerade wie ein Docent, der sich für ein Semester ein bestimmtes Pensum vornimmt." (Vergl. S. 19.)

Scherzo E dur.

„Das ist kein elfenhaftes Scherzo. Nicht zu leise. Wenn man bei einer Tonleiter Pedal nehmen will, muss man es am Anfang, nicht am Ende thun." So am Schluss dieses Scherzos. (Vergl. Hans Schmitt, „Das Pedal des Clavieres", S. 90 u. folg.)

Liszt.

Irrlichter. — Gnomenreigen.

„Ich wünschte, der geniale Meister hätte mehr solche Kunstwerke geschaffen, die so vollendet sind, wie irgend ein Lied ohne Worte von Mendelssohn. Man thut Liszt Unrecht als Componist, wenn man nur seine sinfonischen Dichtungen, beziehungsweise Extravaganzen, kennt." (Als wenn sie so bekannt wären. Das ist ja gerade das Unglück, dass sie nirgends gespielt werden. Ob dann die musikalische Welt Bülow's Urtheil bestätigen würde?)

Mehrmals traf ich Bülow ausser den Stunden in der Musikalienhandlung „Steyl und Thomas" und hörte berauscht seiner unvergleichlichen, geistsprudelnden Unterhaltung zu. Es war ein köstlicher Nebencursus, bei dem er alle hinreissende Liebenswürdigkeit zeigte, deren seine herrliche Natur fähig war.

Eines Tages hielt er einen grandiosen Vortrag über den Verfall der Musik. Es war leider unmöglich, ohne Hilfe der Stenographie, jedes Wort, jeden geistvollen Einfall zu fixieren. Ich gebe nachstehend nur die Hauptsätze seines inspirirten Ergusses:

„Die Deutschen haben ausser Brahms keinen bedeutenden Componisten. — Rheinberger ist Componist für das nächste Jahrhundert. Robert Fuchs componirt sehr nett. — Die Russen sind noch zu roh. — Die Italiener sind fertig. Nur Buonamici und Sgambati könnte man als Leute von Verdienst nennen. Sie würden im Buffogenre etwas leisten, wenn sie an den „Barbier" anknüpften. Wie steht es bei Ihnen in Portugal?"

Ich erzählte ihm, wie gänzlich mangelhaft die musikalische Erziehung bei uns ist, wie das musikalische Leben sich auf die italienische Oper beschränkt und wie unsere Componisten bisher sich mit einer Nachahmung italienischer Muster begnügt haben.

„Von den Romanen ist also auch nichts zu erwarten" (er sprach nicht über die Franzosen). „Wenn das nicht wäre" (und zeigte auf die gerade erschienenen Op. 99 und 100 von Brahms) „könnte man nach Australien reisen."

Ueber Verdi's „Othello" sagte er: „Verdi wollte keine Oper mit Arien, Duetten schreiben, sondern so ein bischen" — und er betonte das folgende — „à la Bayreuth. Aber finden Sie so etwas bei Wagner? Ne!" Und er zeigte mir im Clavierauszug die Dreiklangfolgen am Schluss des zweiten Aktes. „Da ziehe ich doch den Rossini'schen ‚Othello' vor, der wenigstens naiv, natürlich ist, nicht so künstlich gezwungen."

Mit viel Achtung sprach er von Spohr's Opern, und bedauerte, dass sie so sehr unterschätzt werden. Auch Götz' „Zähmung der Widerspänstigen" liebte er sehr. Götz war sein Schüler gewesen.

Ich frug ihn, wo sich im Schlusssatz der Jupiter-
sinfonie der canon cancrizans befinde, wie er in
einer Anmerkung zur Fuge der Sonate Op. 106 sagt.
Er liess sich die Partitur der Sinfonie geben, blätterte
einige Zeit und sagte dann: „Ich habe mich geirrt.
Streichen Sie meine Anmerkung aus."

Ueber den berühmten Marsch im „Idomeneo"
(dritter Akt), in welchem die Cellostimme zwei
Octaven höher als die Contrabassstimme notirt ist,
sagte er, das müsste entschieden ein Schreibfehler
Mozart's sein, denn die Wirkung sei „scheusslich".

Als ein Herr ihn bat, ihm seine Compositionen
zeigen zu dürfen, sagte er ihm: „Ne, ne; Bach,
Beethoven, Brahms: auf's andere pfeife ich."

Mit zerschmetternder Ironie erzählte er von
einem Pianisten, dem ein Kritiker nach dem Concert
sagte: „Sehr schön, bravo! Sagen Sie 'mal, was ist
Ihr Hauptinstrument?" „Er wird in Berlin gefeiert,
weil die Mittelmässigkeit Niemand genirt."

Ueber die Scene im III. Act der Euryanthe:
„Schirmende Engelschaar", sagte Bülow, dass nach
der schön deklamirten Phrase: „Was ist mein Leben
gegen diesen Augenblick" die Wiederholung mit
dem falschen Accent auf „Augenblick" so hässlich
wirkt, dass keine Pietät ihn abhalten würde, bei
einer Aufführung die drei Takte nach

zu streichen.

30. Mai.

Bach.

Wohltemperirtes Clavier, I. Theil.

Präludium D moll.

Sehr langsam. Linke Hand:

etc.

Takt 2 „athmen" in der rechten Hand:

Takt 6 und folgende linke Hand non legato, mit viel Ausdruck.

Takt 10 linke Hand:

Takt 24, 6.—8. Achtel poco accelerando e crescendo, Takt 25, vom 2. Achtel an zurückhalten, kräftig schliessen.

Fuge. „Da Bach ausdrücklich die Sechzehntel im zweiten Takt bindet, will er dadurch anzeigen, dass die Achtel vorher nicht gebunden sein sollen."

Sehr wuchtig. Takt 4 und 5, Sopran:

Takt 9—11 die Viertel im Alt gebunden, im Sopran aber die Phrasirung des Themas:

Takt 10 und 11 im Bass „athmen" vor dem zweiten Viertel. Takt 12 muss das Fragment des Themas vom vorigen Takt getrennt werden.

Takt 21. Forte schliessen, vom Eintritt des Themas im Bass piano.

Takt 25 crescendo bis Takt 28 forte (Wiedereintritt des Thema rectum in der Tonica).

Takt 44 empfahl Bülow, um die Majestät des Schlusses zu erhöhen, in der linken Hand:

Natürlich forte schliessen.

〜〜〜

II. Theil.

Präludium F dur.

„Das ist ein Orgelpräludium. Es giebt im Wohltemperirten Clavier Orgel-, Orchester-, Choral- und Clavierfugen. Es ist sehr bildend, das selbst herauszufühlen."

Möglichst viel Ton, sehr gebunden. Takt 4 und 5, die Viertel im Tenor staccato.

Takt 13 Sopran:

Im Alt soll man die Bindung des f zum folgenden Takt streichen.

Takt 17 Tenor:

Takt 50 spiele man die Variante.

Takt 57 nehme man die Wiederkehr des Anfangs piano.

Takt 69 Sopran:

Takt 70 grosses Crescendo, breit und glänzend schliessen.

Fuge. Lustig.

Man übersehe nicht das echt Bülow'sche Absetzen vom 3. zum 4. Takt, welches dem kecken Thema ein ganz reizendes „Salz" giebt.

Takt 9—14 soll man durch starke Betonung des
1. Takttheils Takt 9, des 2. Takt 10, des 1. Takt 12
und des 2. Takt 13, die Täuschung eines dreitheiligen
Taktes hervorrufen.

Takt 21 vor Eintritt des Themas im Bass absetzen.

I. Theil.

Präludium Asdur.

„Hier können wir Bach in seinem ganzen Glanze
sehen", rief Bülow in begeistertem Ton aus. Er
hatte eine besondere Vorliebe für die beiden As dur-
und die beiden E dur-Fugen, die er für einige der
interessantesten im Wohltemperirten Clavier hielt.

„Prächtig, majestätisch." Die Figur:

immer sehr gehalten (das Tempo jedoch mässig
bewegt).

Takt 9 piano. Takt 13 beginne man ein langathmiges Crescendo. Takt 13 und 14 betone man
das zweite Viertel in der rechten Hand, Takt 15 das
zweite Achtel. Takt 18 Gipfel des Crescendo.

Takt 24 diminuendo, Takt 26 piano.

Takt 30—35 analog 13—18: sehr allmähliges
Crescendo, in der linken Hand. Accente auf dem
zweiten Viertel Takt 30 und 31, auf dem zweiten
Achtel Takt 33.

Takt 35 forte. Takt 38 etwas diminuendo, vom
Takt 39 an crescendo (Accent auf dem zweiten

Achtel Takt 39 und Takt 40) um Takt 44 möglichst glänzend zu schliessen, ohne in der Stärke nach-nachzulassen.

Fuge. „Man muss die beiden sich entsprechen-den Schritte, die Quinte und die Sexte, hervorheben."

Und Bülow selbst schrieb in das Heft des spie-lenden Herrn folgende Phrasirung:

Takt 3 im Bass:

Takt 4 piano, Eintritt des Themas Takt 5 forte. Takt 7 Bass, Takt 8 Sopran: die Achtel staccato.

Takt 11 vom zweiten Viertel an piano. Im Tenor und Bass:

Ebenso wenn diese Episode Takt 14 und 15, 19 und 20 in den oberen Stimmen wiederkehrt.

Jeder Eintritt des Themas sehr stark, alle Zwischenspiele leise. Takt 21 die Bruchstücke des Themas etwas betont. Takt 22 Sopran:

Takt 25 piano; Sopran:

Alt:

Takt 26 Sopran:

Takt 28 Fingersatz für die linke Hand:

Schluss: breit und glänzend.

II. Theil.

Präludium As dur.

Sehr breit. „Das muss klingen, als würde es zu gleicher Zeit auf vier Clavieren gespielt."

In der linken Hand empfahl Bülow aus Klang-rücksichten zu spielen:

Ebenso Takt 3—4, 17—20, 34—37, 50—51. Takt 52—56 Octave beim ersten Achtel jeden Taktes.

Takt 2 und 4 crescendo vom 5. zum 7. Sechzehntel, dieses betont. Ebenso Takt 18, 20, 35, 51.

Takt 7, 8 und 9 linke Hand crescendo zum zweiten Viertel, dieses betont. Ebenso Takt 40—43. Takt 14 crescendo zu Takt 15, der Accord in der linken Hand sforzato. Ebenso Takt 47—48.

Takt 22 linke Hand die Sechzehntel staccato.

Takt 24, 26 und 28 rechte Hand crescendo. Takt 29 piano. Takt 31 crescendo. Takt 34 stark wie am Anfang.

Takt 60 piano. Takt 63 linke Hand die Sechzehntel non legato.

Takt 65 beginnt ein langathmiges Crescendo, das seinen Gipfelpunkt Takt 74 erreicht.

Takt 75:

Takt 76 rechte Hand soll man auf *g* nicht einen Pralltriller ∿, sondern einen Mordenten ∿ spielen. (Wohl weil dem *g* die obere Secunde vorangeht. Vergl. Ph. E. Bach's Clavierschule.)

Fuge. Heiter, leicht.

Man beachte wohl die verschiedene Phrasirung desselben Rhythmus Takt 1, drittes Viertel und Takt 2, erstes Viertel, auf die Bülow grosses Gewicht legte und die eine ausserordentliche Feinheit bedeutet. Die Stellung, die dieser Rhythmus im Takte einnimmt, ist das zweite Mal (schwerster Takttheil) eine andere, als das erste Mal (dass im Verlauf der Fuge das Thema mehrmals auf anderen Takttheilen einsetzt wie zu Anfang, ändert daran nichts, das ist eine rhythmische Verschiebung, wie sie bei Bach sehr oft vorkommt, man wird doch immer das neunte Achtel im Thema, sowie den Schlussaccord, als vollen Takt empfinden); ausserdem ist das *as* im zweiten Takte die zum ersten Male ertönende Tonica, der Abschluss des ersten Motivs dieses Themas, muss also vom Folgenden getrennt werden, während im ersten Takt das *b* weiter drängt.

Bülow machte aufmerksam auf den verschiedenen Charakter des chromatischen Ganges im Contrapunkt dieser Fuge und in dem der folgenden Fuge in Gis moll (hier anmuthig, in der Gis moll-. Fuge schmerzvoll, sehnsüchtig [Tristanartig]).

Man beginne nicht zu leise, Takt 5 (Modulationstakt) spiele man leiser, um Takt 6 wieder frisch mit dem Thema einzusetzen.

Takt 10 piano. Die Achtel im Alt staccato, ebenso die im Sopran Takt 12.

Mit dem Eintritt des Themas Takt 13 wieder stark. Takt 20 erste Hälfte forte, zweite Hälfte piano, Takt 21 ebenso. Takt 22 Alles kräftig. Takt 26 piano. Takt 32 forte. Takt 39 etwas zögern (Häufung der

Modulationen, s. S. 36). Takt 45 und 46 die Accorde in der rechten Hand sehr stark betont und gut ge-

halten. Takt 46 linke Hand drittes Viertel:

Nach der Fermate mezzo forte. Takt 48 vom Eintritt des Themas an sehr stark und etwas breit. Zum Schluss noch crescendo.

Beethoven.

Sonate Op. 10, No. 3.

Das Largo dieser Sonate soll man mit dem Largo des Streichquartetts Op. 18 No. 1 und mit „Clärchens Tod" aus der Musik zu „Egmont" vergleichen.

„Das ist geschmacklos, so würde Herr Pachmann spielen." Und er ahmte Pachmann's Grimassen so drastisch nach, dass der ganze Saal in lautes Gelächter ausbrach.

Im I. Satz bei der Stelle:

sagte er: „Erst einer nach dem andern, dann (im 5. Takt nach dem angeführten) die ganze Gesellschaft zusammen."

Da die Dame zu oft die Verschiebung nahm,
sagte er launig (denn er war gut disponirt): „Dieses
fortwährende Zucken mit dem Fuss ist wahrscheinlich die Nervosität, die Aufregung, die in die Fuss-
spitzen geht. Dann, bitte, binden Sie das Pedal fest,
damit der Fuss ruhig zucken kann, die Dämpfung
aber unbeeinflusst davon bleibt.“

Die Stelle:

soll man nicht analog der Parallelstelle bei der
Wiederholung des ersten Theils bilden.

Sonate Op. 57.

„Um richtig zu spielen, muss man sich in die
Unmöglichkeit versetzen, unrichtig zu spielen.“

Darum 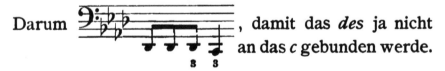 , damit das *des* ja nicht
an das *c* gebunden werde.

Immer wieder warnte Bülow vor Hetzen in den
Allegro-Sätzen Beethoven's.

„Marx ist der geistvollste Biograph Beethovens.“

Brahms

Capriccio Fis moll, Op. 76. Erste Ballade.

Bülow erklärte den Inhalt der Ballade. „Edward hat nämlich ein grosses Verbrechen begangen. Er hat" — hier machte er eine lange Pause, man las auf seinem so höchst ausdrucksvollen Gesicht, dass er einen sehr guten Witz vorbereitete — „den Schwiegervater seiner Frau ermordet." Der Erfolg war so rauschend, dass das Spiel für einige Zeit unterbrochen wurde.

„Denken Sie an Heine's Ausspruch: Ich sehe in jeder musikalischen Phrase eine Arabeske."

„Es war ganz gut, dass Heine ‚Die Krankheit in der Poesie' schrieb, wegen der gar zu rothbäckigen Dichter."

„Um die richtige Declamation zu finden, muss man sich die Melodie vorsingen." Das that Bülow sehr oft für uns.

31. Mai.

Mozart.

Fantasie C moll (No. 2).

Bülow selbst spielte das Adagio aus der C dur-Sonate in ganz „himmlischer" Weise.

Mendelssohn.

Das Präludium in H moll

(aus den Präludien und Fugen) wurde fünf Mal hinter einander von drei Personen gespielt! Wir alle bewunderten Bülow's heroische Resignation.

Lieder ohne Worte.

Bei No. 1 sagte Bülow: „Das muss rühren, aber nicht zu Thränen, das ist nicht hübsch!" und dabei hatte er den tragi-komischen Ausdruck eines Seekranken.

Rondo (mit Orchester).

Bülow's durch das Vorige schon erregte Nervosität stieg hier auf's Aeusserste, denn an diesem Tage schienen Alle es darauf abgesehen zu haben, möglichst nachlässig zu spielen. „Meine Damen, lassen Sie das Clavierspiel lieber überhaupt sein."

Raff.

~~~~~

Romanze aus der Suite in E moll.

Der spielende Herr änderte seinen Vortrag nach Bülow's Angaben so gänzlich, dass Bülow ausrief: „Das ist eine der glänzendsten Proben Ihres ausgezeichneten Talentes, die Sie gegeben haben, wie schnell Sie sich in diesen Styl gefunden haben. Sie haben so viel Talent, dass Sie Ihren bedürftigen Collegen etwas abgeben könnten und immer noch genug für sich behielten."

~~~~~~~~~~

2. Juni.

Bach.

~~~~~

Englische Suite, E moll.

Bülow war sehr zufrieden mit der spielenden Dame: „Ich habe selten eine Dame mit so viel Gehirn spielen hören. Selbst unter den Herren ist nur Herr N., der Ihnen in dieser Art Vortrag Concurrenz machen könnte."

„Die Eigenthümlichkeit aller Couranten in den Bach'schen Suiten besteht darin, dass im letzten Takt eine rhythmische Rückung eintritt, der sonst dreitheilige Rhythmus wird plötzlich zweitheilig. Ferner

verlässt Bach bei den Couranten in Moll die Tonart
der Terz und geht plötzlich nach der Dominante."

Dann liess er die beiden As dur-Fugen wiederholen (s. 30. Mai). Zu dem Spieler sagte er: „Was
ich bei Ihrem Alter aufrichtig bewundere, ist Ihre
weise Mässigung. Wenn Sie zurückhalten oder
vorangehen ist es nie übertrieben. Ich würde Ihnen
sogar einen Rath ertheilen, den ich selten gebe:
nämlich einmal über die Schnur zu hauen. Als ein
Knabe Tausig vorspielte und sehr correct, gerieth
Tausig ausser sich: ‚Schämen Sie sich, in Ihrem
Alter schon so rein zu spielen'."

Beethoven.

Sonate Es dur, Op. 27, Finale.

Bülow tadelte den tonlosen Anschlag des Spielers.
‚Dieses Gesäusel — unverstandenes Weimar. Sie
haben wahrscheinlich bei einem verdorbenen Schüler
Liszt's Stunde gehabt. Ich aber hatte Stunde bei dem
Vater Frau Schumann's, der sagte: Ne, der Ton hat
Migraine, spielen Sie gesünder. Bei dem spielte ich
einen ganzen Winter lang Hummel's H moll-Concert
und er war immer noch nicht zufrieden. Uebrigens
ein Werk, das jeder Pianist auf seinem Repertoire
haben müsste."

„Wer Hummel's Es dur-Fantasie nicht gespielt
hat, ist für mich überhaupt kein Pianist."

„Leszetitsky hat sich hier den Ruhm erworben, Beethoven's Es dur-Concert am unmusikalischsten von allen gespielt zu haben."

„Es giebt nur einen guten Cellisten: Davidhoff. Hören Sie Sarasate so wenig wie möglich und Joachim so oft wie möglich."

Sonate Op. 57. Fantasie G moll.

„Diese Fantasie ist so wenig bekannt, als die vorige Sonate bekannt ist."

„Der Ton bei Bechstein's Flügeln ist sehr schön, aber ich muss gestehen, dass die untersten Octaven mir etwas zu sehr Commercienräthliches haben."

Den Schluss  übersetzte Bülow mit: „Punk—tum."

Auf Bülow's Wunsch spielte Herr Schwarz in ausgezeichnetster Weise die Variationen Op. 76. Bülow empfahl sie zum Concertvortrag.

Brahms.

Vierte Ballade. — Sonate Op. 2.

Bülow hielt Op. 5 für die schönste Sonate von Brahms.

3. Juni.

Raff.

Suite G moll.

Chopin.

Impromptu Fis dur. — Scherzo H moll.

Zu Anfang ja nicht zu viel Pedal. Da die Dame in rasendem Presto loslegte, schrie Bülow auf: „Na, na, na, Sie haben sich da in einen Rausch gespielt, in dem alle Katzen grau und alle Accorde verminderte Septimenaccorde sind."

„Chopin's Schüler haben in Paris eine Ausgabe der Werke Chopin's veranstaltet. Chopin's Schüler sind aber ebenso unzuverlässig wie Liszt's Schülerinnen. Nehmen Sie Klindworth's Ausgabe."

Liszt.

Paysage. — Wilde Jagd. — Etüde F moll.

„Die frühere Ausgabe dieser Etüden ist so schwer, dass ausser vielleicht Rubinstein Niemand heute sie bewältigen kann. Später machte der

Meister dann diese Ausgabe für uns sterbliche Pianisten. Auch die Rhapsodien sind in der ersten Ausgabe weit schwerer. Herr N., ich würde Ihnen
empfehlen, auf die Ausgaben Jagd zu machen, Sie
könnten daraus manche interessante Variante ent-
nehmen."

„Ich theile die musikalischen Menschen in zwei
Classen ein: einigen geht die Musik durch die
Beine in's Herz, vielleicht auch in den Kopf,
anderen umgekehrt."

6. Juni.

Bach.

Gavotten D moll und G moll.

Die Stelle in der letzteren:

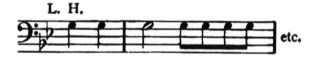

„als wenn man auf einem Beine tanzte". Diese Bemerkung Bülow's offenbart uns, dass auch bei Bach
hie und da sich ein humoristisches Element finde.

Wohltemperirtes Clavier, II. Theil, H moll.

Präludium: ziemlich lebhaft.

Rechte Hand:

Die kleinen Bogen dürfen nicht die Phrase zer-
stückeln.

Linke Hand:

Takt 3 rechte Hand gebunden.

Takt 3 und 4 in der linken Hand dieselbe Phrasirung wie Takt 1 und 2 in der rechten Hand.

Takt 4 letztes Viertel diminuendo, Takt 5 piano.

Takt 5 linke Hand:

Takt 6 ebenso. Takt 7.

Takt 8 ebenso. Takt 7 und 8 rechte Hand nach
dem 1. und nach dem 9. Sechzehntel „athmen".

Crescendo in diesen beiden Takten um Takt 9 das Anfangsmotiv wieder forte einsetzen zu lassen.

Takt 16 der Mordent in der linken Hand mit der kleinen Sekunde. Letztes Viertel diminuendo, Takt 17 piano. Takt 19 crescendo. Rechte Hand binde man das 6. an das 7. Achtel, das 8. an das 1. des nächsten Taktes, Takt 20 das 2. an das 3. In der linken Hand:

Takt 21 forte. Takt 23 piano. Phrasirung der linken Hand vergl. Takt 5 u. folg. Takt 25 crescendo. In der linken Hand binde man das 4. an das 5. Achtel, das 4. betonend, ebenso das 8. an das 1. Takt 26, in diesem ebenso. Takt 27 forte. Linke Hand das 2. und 6. Achtel betont. Takt 28 spiele man nicht die Variante. Takt 29 linke Hand:

Takt 31 linke Hand letztes Viertel:

Takt 32 rechte Hand analog.

Fuge. Sehr lebendig:

Alle Triller in dieser Fuge sind (weil die dem Triller vorangehende Note Hauptnote dieses ist) mit dem Nebentone zu beginnen, mit Ausnahme derjenigen Takt 11 und 13, da hier Quintenfolgen mit dem Sopran entständen. Auch soll man vor dem Triller absetzen.

Takt 40 und folgende Bass:

Takt 50, 52, 92, 94 Bass:

Beethoven.

Fuge aus Op. 106.

Das Tempo soll so mässig genommen werden, dass bei der Verkleinerung des Themas kurz vor der Episode in D dur es möglich sei, die Triller mit fünf Noten auszuführen.

Nachdem der Herr sie einmal gespielt, sagte Bülow: „Obgleich dieses Stück mit Ausschluss der Oeffentlichkeit für Damen geschrieben worden, möchte ich Sie doch bitten, es nochmals zu spielen.

Aber damit Sie für die Largo-Einleitung in Stimmung kommen, werde ich das Adagio vorher spielen."

Er that es. Als er endete, herrschte eine so weihevolle Stimmung im ganzen Raum, dass man kaum zu athmen wagte. Bülow bemerkte es und machte uns alle noch tiefer beben mit folgenden Worten: „Ja, das sind Variationen über ein Schiller-sches Couplet: wer mag sich des Lebens freuen, der in seine Tiefen blickt. Die Moral von der Geschichte ist: nehmt es nur recht oberflächlich." Und er lachte schneidend — wie jener Philosoph, der lachte, um nicht zu weinen.

Im I. Satze dieser Sonate, Seite 29, 2. System, 2. Takt der Ausgabe Bülow's muss die rechte Hand so berichtigt werden:

Vielleicht fehlt Seite 28, 5. System, letzter Takt, im letzten Achtel der linken Hand der Auftakt des Themas:

Seite 32, letztes System, 3. Takt, vermuthete Bülow, dass das erste Viertel in der linken Hand *es* sein müsse. (Vergl. die Parallelstelle.)

Seite 60, 3. System, 3. Takt, linke Hand:

Seite 65, 3. System, 1. Takt, Mittelstimme, letztes Sechzehntel nicht *gis,* sondern *g.* 3 Takte später, rechte Hand Sopran:

Seite 66, 3. System, 1. Takt, linke Hand:

Seite 70 nach dem 13., 14, und 15. Takt absetzen.

Sonate Op. 109.

Zum dritten Satze sagte er: „Den Vortrag für dieses Thema werden Sie im botanischen Garten lernen. Andere Sachen von Beethoven werden Sie im zoologischen lernen, hier müssen Sie sich aber vor eine schöne Blume hinstellen und sich einbilden, sie sähe Sie an."

In der ersten Variation: „Das ist eine Feinheit, die kaum durch Brahms überboten wird."

Von dem Spiel der Dame sagte er: „Das ist berlinisch. Sie müssen nicht in Berlin leben, wo das Montagsblatt die ganze geistige Nahrung bildet."

Als Jemand sich meldete, um Brahms' Variationen in D dur (Originalthema) Op. 21 zu spielen, verweigerte er sie zu hören: „Dieses Werk würden die Herrschaften selbst nach sechsmaligem Hören nicht verstehen."

7. Juni.

Nachdem Händel's Suiten in F und D moll und ein Satz aus Beethoven's Op. 31 No. 3 recht farblos gespielt worden, trug Bülow uns in ganz meisterhafter, unvergesslicher Weise Hummel's Fantasie

Op. 18 vor, von der er Tage vorher gesprochen. Als Alle unwiderstehlich hingerissen applaudiren wollten, machte er Zeichen zum Schweigen und sagte: „Vieles müssen Sie viel besser machen als ich, aber nehmen Sie ebenso wenig Pedal wie ich."

Es wurden noch Mendelssohn's Fuge in F moll und Scherzo a Capriccio und Rheinberger's Toccata G moll gespielt.

Anhang.

Es ist bekannt, wie geistreich Bülow's Vor- und Zwischenspiele im öffentlichen Vortrage waren. Nachstehend theile ich diejenigen mit, deren ich mich erinnere.

Bevor er Beethoven's Sonate F moll Op. 2 begann, spielte er die ersten Takte des Beethoven'schen Präludiums F moll, ³/₂.

Zwischen der Sonate Op. 14 No. 1 und No. 2 spielte er folgende Takte:

Zwischen Op. 101 und 106 spielte er:

Vor Op. 110 spielte er die vier Einleitungstakte von Op. 78 nach As dur transponirt.

Vor Op. 111 spielte er den ersten Takt aus Op. 13. Kein Pianist hat diese höchst künstlerische Art des Preludirens nachgeahmt.

Namenregister.

Gutzkow.
Händel.
  Variationen E dur.
  Fuge F moll.
Heine.
Hummel.
  Fantasie Es dur.
Joachim.
Klindworth.
Leszetitsky.
Liszt.
  Valse-Impromptu.
  Ballade H moll.
Marx.
Mendelssohn.
  Lieder ohne Worte.
Mozart.
  Rondo A moll.
  Fantasie C dur.
  Menuett.

Mozart.
  Sonate F dur.
  Fantasie C moll.
  Idomeneo.
Pachmann.
Raff.
  Giga con variazioni.
  Frühlingsboten.
  Suite E moll.
  Cavatine aus der Suite in
    D moll.
Rheinberger.
Rubinstein.
Saint-Saëns.
Sarasate.
Sembrich.
Spohr.
Verdi.
Wagner.
Wieck.

Druck von C. G. Röder in Leipzig.

Verlag von **Friedrich Luckhardt** in Berlin und Leipzig.

Virtuosen-Studien

für Pianoforte

(zum Theil Vorstudien zu den Editionen Dr. Hans von Bülow's)

von

Theodor Pfeiffer.

Preis cplt. 9 Mark.

Ausgabe in 3 Heften. {Heft 1 und 2 . . . . . à M. 2,— netto
{Heft 3 . . . . M. 3,— netto

Studien

für Pianoforte

nach Kreutzer'schen Violin-Etuden gebildet, genau bezeichnet
und herausgegeben

von

Theodor Pfeiffer.

— Preis 3 Mark. —

Zwei Clavierstücke

componirt von

Theodor Pfeiffer.

Op. 27 No. 1. **Albumblatt** . . . . M. —,90
Op. 27 No. 2. **Dryadenspiel**, Concert-Etude . . . . M. 2,40

C. G. Roder, Leipzig.

Verlag von Friedrich Luckhardt in Berlin und Leipzig.

Claviermusik zu zwei Händen.

(Pianoforte Solo.)

<table>
<tr><td></td><td align="right">ℳ</td></tr>
<tr><td>Adam, Alexander, Op. 17 No. 2. Trotzig und Treu</td><td align="right">1,20</td></tr>
<tr><td>Arnold, Maurice, Op. 39. Souvenir de Seville. Sérénade pour Pianoforte</td><td align="right">1,20</td></tr>
<tr><td>Boekelmann, B., Op. 15. Sieben Handgelenk-Studien. Zur Erlangung eines elastischen Anschlags mit besonderer Rücksicht auf kleine Hände für das Pianoforte</td><td align="right">3,—</td></tr>
<tr><td>Bungert, August, Aus jungen Tagen. Albumblätter für Pianoforte. Kleine Ausgabe. 2 Hefte   à netto</td><td align="right">2,—</td></tr>
<tr><td>— Op. 9. Albumblätter. Charakterstücke für das Pianoforte. Grosse Ausgabe. 3 Hefte.
Heft 1 ℳ 2,25. Heft 2 ℳ 2,—. Heft 3 ℳ 2,—.</td><td align="right"></td></tr>
<tr><td>— Op. 13. Variationen und Fuge über ein eigenes Thema</td><td align="right">4,—</td></tr>
<tr><td>— Op. 29. Auf der Wartburg. Symphonisches Gedicht für grosses Orchester. Arrangement für Pianoforte</td><td align="right">2,50</td></tr>
<tr><td>— Op. 53. Aus meinem Wanderbuche. Charakterstücke f. Pianoforte.</td><td align="right"></td></tr>
<tr><td>No. 1. Unter Palmen (Bordighera)</td><td align="right">1,20</td></tr>
<tr><td>No. 2. An mein Märchen</td><td align="right">—,80</td></tr>
<tr><td>No. 3. Auf einsamer Höh' (On lonely Hights)</td><td align="right">—,90</td></tr>
<tr><td>No. 4. Hand in Hand (Hand in Hand)</td><td align="right">—,80</td></tr>
<tr><td>No. 5. In Venedig (In Venice)</td><td align="right">1,20</td></tr>
<tr><td>Langenbeck, Georg, Zwei Capricietti für Pianoforte.</td><td align="right"></td></tr>
<tr><td>No. 1.</td><td align="right">1,—</td></tr>
<tr><td>No. 2.</td><td align="right">1,—</td></tr>
<tr><td>Laska, Gustav, Op. 22. Drei Clavierstücke.</td><td align="right"></td></tr>
<tr><td>No. 1. Polka caprice</td><td align="right">1,20</td></tr>
<tr><td>No. 2. Ballata</td><td align="right">1,20</td></tr>
<tr><td>No. 3. Tarantella</td><td align="right">1,80</td></tr>
<tr><td>Lund, John R., Op. 13. Blumenstücke für das Pianof. (Marguerites. Musical Portraits and sketches)</td><td align="right">2,—</td></tr>
<tr><td>No. 1.</td><td align="right">1,—</td></tr>
<tr><td>No. 2.</td><td align="right">1,—</td></tr>
<tr><td>No. 3.</td><td align="right">1,—</td></tr>
<tr><td>Mohr, Hermann, Op. 50. Der Orakelspruch. Romantische Oper in 2 Acten frei nach C. W. Contessa. Clavier-Ausgabe   netto</td><td align="right">10,—</td></tr>
<tr><td>— Op. 53. Rondo scherzando</td><td align="right">—,90</td></tr>
<tr><td>— Op. 66. Melodische Etuden in mittlerer Schwierigkeit (of middle difficulty). Heft I. II. III   à netto</td><td align="right">1,20</td></tr>
<tr><td>Schuler, Carl, Op. 11. Toujours nonchalant! Polka caprice</td><td align="right">1,50</td></tr>
<tr><td>— Op. 16. Mosaiken</td><td align="right">2,—</td></tr>
<tr><td>— Op. 18. Menuett</td><td align="right">1,80</td></tr>
<tr><td>Spangenberg, Heinrich, Op. 9. Zwölf melodische Vortragsstücke f. Anfänger (ohne Octavenspannung und ohne Daumenuntersatz)</td><td align="right">2,—</td></tr>
</table>

Inhalt: 1. Tänzchen (Walzer, Waltz). 2. Wiegenlied (Cradle Song). 3. Ständchen (Serenade). 4. Aus alter Zeit (Recollection of Old). 5. Die Spinnerin (The Spinning Girl). 6. In der Dorfschenke (In the Village Inn). 7. Kahnfahrt (Boating). 8. An der Quelle (At the Spring). 9. Abendstille (Evening Repose). 10. Ballade. 11. Auf der Haide (On the Heath). 12. Auf der Wanderung (Wanderers March).

Lightning Source UK Ltd.
Milton Keynes UK
UKHW012022021218
333216UK00014B/2292/P